A ARTE DE GANHAR DINHEIRO

The Art of Money Getting or, Golden Rules for Making Money (1880)
P.T. Barnum

Tradução © 2025 by Book One
Todos os direitos de tradução reservados e protegidos pela Lei 9.610 de 19/02/1998. Nenhuma parte desta publicação, sem autorização prévia por escrito da editora, poderá ser reproduzida ou transmitida sejam quais forem os meios empregados: eletrônicos, mecânicos, fotográficos, gravação ou quaisquer outros.

Coordenadora editorial
Francine C. Silva

Capa
Gui Lipari

Produtora editorial
Caroline David

Projeto gráfico e diagramação
Bárbara Rodrigues

Tradução
Dante Luiz

Tipografia
Adobe Caslon Pro

Preparação
Talita Grass

Revisão
Tainá Fabrin
Silvia Yumi FK

Dados Internacionais de Catalogação na Publicação (CIP)
Angélica Ilacqua CRB-8/7057

B242a   Barnum, P. T.

A arte de ganhar dinheiro: os segredos do maior vendedor do mundo para transformar talento em fortuna [livro eletrônico]/ P. T. Barnum ; tradução de Dante Luiz. — São Paulo: Book One, 2025.

112 p. ; ePUB

ISBN 978-65-88513-23-1 (e-book)

Título original: *The Art of Money Getting or, Golden Rules for Making Money*

1. Negócios 2. Sucesso nos negócios 3. Finanças 4. Ética I. Título II. Luiz, Dante

25-2702   CDD 158.1

P.T. BARNUM

A ARTE DE GANHAR DINHEIRO

OS SEGREDOS DO MAIOR VENDEDOR DO MUNDO PARA TRANSFORMAR TALENTO EM FORTUNA

São Paulo
2025

BOOK ONE

Sumário

Introdução	07
Aceite sua vocação	29
Escolha o local certo	32
Evite dívidas	37
Seja perseverante	43
Faça o seu melhor	47
Dependa apenas do seu próprio esforço	50
Use as melhores ferramentas	55
Não deixe seus negócios em segundo plano	58
Aprenda algo útil	69
Cultive esperança, mas não seja apenas um sonhador	70
Não disperse sua energia	71
Seja metódico	72
Mantenha-se atualizado	77
Cuidado com as "operações externas"	78
Não seja fiador sem exigir garantias	81
Divulgue o seu negócio	86
Seja educado e gentil com seus clientes	97
Seja generoso	100
Não fale demais	102
Preserve sua integridade	103
Sobre o autor	109

Introdução

Nos Estados Unidos, onde existe mais terra do que gente, não é difícil, de forma alguma, que pessoas saudáveis ganhem dinheiro. Nesse campo comparativamente novo, há tantos caminhos abertos para o sucesso, tantas vocações que não estão lotadas, que qualquer pessoa que deseje, ao menos por um tempo, se envolver em ocupações respeitáveis será capaz de conseguir um emprego lucrativo.

Aqueles que realmente desejam obter a independência só precisam de foco para adotar os meios adequados, assim como fazem em relação a qualquer outro objetivo que desejam alcançar, simples assim. Mas, por mais fácil que seja ganhar dinheiro, não tenho dúvidas de que muitos dos meus ouvintes concordarão que *mantê-lo* é uma das coisas

P.T. BARNUM

mais difíceis do mundo. Citando aqui Benjamin Franklin: "O caminho da riqueza é tão simples quanto o caminho do mercado". Consiste apenas em gastar menos do que ganhamos; o que parece ser um problema muito simples. O personagem do Senhor Micawber, uma das muitas criações geniais de Charles Dickens, exemplifica o caso quando diz que "ter uma renda anual de vinte libras por ano e gastar vinte libras e seis pence é ser o mais miserável dos homens; ao passo que ter uma renda de apenas vinte libras e gastar apenas dezenove libras e seis pences é ser o mais feliz dos mortais". Muitos dos meus leitores podem parar agora e dizer: "Nós já sabemos disso: isso é economia, e sabemos que economia é riqueza; sabemos que não se pode ter tudo". No entanto, peço licença para dizer que talvez mais pessoas fracassem nesse ponto do que em quase qualquer outro. O fato é que muitas pessoas acham que entendem de economia quando, na verdade, não entendem.

A verdadeira economia é mal compreendida, e algumas pessoas passam a vida inteira sem compreender de fato esse princípio. Um leitor pode dizer: "Tenho uma renda de tanto, e aqui está meu vizinho que ganha o mesmo; no entanto, todo ano ele ganha algo a mais e eu fico para trás; por quê? Eu sei tudo sobre economia". Mas ele apenas *acredita* que sabe. Há pessoas que acreditam que economia consiste em economizar restos de comida e outras pequenezas, que economia consiste em economizar alguns centavos da conta da lavanderia, mas economia *não é* mesquinharia. O problema é que esse tipo de pessoa aplica economia apenas de um jeito. Elas se orgulham tanto por economizar centavos que acabam se dando o luxo de desperdiçar de outras maneiras. Há muito tempo, antes mesmo que o óleo

P.T. BARNUM

de querosene fosse descoberto, um viajante poderia parar a noite em quase qualquer casa interiorana e obter um belo jantar, mas depois da refeição ele teria dificuldade de ler, na sala de estar à luz de velas. A anfitriã, vendo seu dilema, diria: "Aqui é difícil ler à noite; o ditado popular diz 'você deve ser rico para poder queimar duas velas ao mesmo tempo', então nunca temos uma vela extra, exceto em ocasiões especiais". Essas ocasiões especiais costumam acontecer, no máximo, duas vezes por ano. Dessa forma, a anfitriã economiza um punhado de dinheiro: mas o conhecimento que poderia ser adquirido ao ter uma luz extra para manter boas leituras, é claro, superaria em muito uma tonelada de velas.

Mas o problema não termina aqui. Sentindo-se muito econômica com suas velas, a anfitriã acredita que pode se dar ao luxo de ir com frequência à vila e, então, gastar em bugigangas todo esse dinheiro

A ARTE DE GANHAR DINHEIRO

economizado. Isso também é visto muitas vezes entre empreendedores e, nesses casos, essa mesma falsa economia acaba chegando até em pequenezas do ambiente de trabalho. Existem bons empreendedores que reutilizam os mesmos envelopes velhos para economizar em material para escritório. Isso até parece bom, mas sendo tão econômicos com pequenezas, eles acreditam que podem esbanjar com as mais elaboradas festas. É isso que Benjamin Franklin quis dizer com: "economizam na torneira, mas desperdiçam no bueiro", "economizando míseros centavos e desperdiçando grandes quantias". Outra crítica a pessoas com essa mentalidade simplista diz: "Eles são como o homem que comprou um peixe barato para o jantar de sua família, e então alugou uma carruagem para levá-lo para casa". Nunca conheci nenhuma pessoa bem-sucedida praticando esse tipo de economia.

P.T. BARNUM

A verdadeira economia consiste em sempre fazer a renda exceder as despesas. Se necessário, use roupas velhas por mais tempo, dispense o novo par de botas, conserte o vestido velho; se for preciso, se alimente de forma mais modesta, de modo que, em todas as circunstâncias, existam economias guardadas para qualquer tipo de imprevisto. Um centavo aqui, outro ali, vão se acumulando e, dessa forma, o resultado desejado é alcançado. Requer um pouco de treinamento, talvez, para realizar essa economia, mas uma vez acostumado a ela, você descobrirá que há mais satisfação em economizar racionalmente do que em gastar de maneira desmedida. Aqui está uma fórmula que eu recomendo: descobri que funciona como uma excelente cura para a extravagância, e sobretudo para a economia equivocada: quando você descobrir que não economizou dinheiro no final do ano, e ainda assim tiver uma boa renda, aconselho você a pegar

A ARTE DE GANHAR DINHEIRO

um bloco de papel e anotar cada item de despesa. Faça todos os dias ou uma vez por semana. Rabisque duas colunas, uma intitulada "necessidades" ou mesmo "confortos", e a outra intitulada "luxos", e você verá que a última coluna será dupla, tripla e quase sempre dez vezes maior que a primeira. Os verdadeiros confortos da vida custam apenas uma pequena parte do que a maioria de nós pode ganhar.

Benjamin Franklin diz: "É o olhar do outro, e não o nosso, que nos leva à ruína. Se todos além de mim fossem cegos, eu não me importaria com roupas nem móveis finos". É o medo do que uma vizinha pode dizer que mantém muitas famílias dignas na miséria. Na América, muitas pessoas gostam de repetir "somos todos livres e iguais", mas isso é um grande erro, e em mais de uma maneira.

Que nós nascemos "livres e iguais" é verdade, mas nem todos nós nascemos igualmente ricos,

P.T. BARNUM

e nunca seremos. Alguém pode dizer: "Há um homem que tem uma renda de cinquenta mil dólares, enquanto eu ganho apenas mil; conheci esse sujeito quando ele também era pobre; agora ele é rico e pensa que é melhor do que eu; vou mostrá-lo que sou tão bom quanto ele; vou comprar um cavalo e uma carruagem; não, não posso fazer isso, mas eu vou alugar um e cavalgar esta tarde na mesma estrada que ele, e assim provar que eu sou tão bom quanto ele".

Meu querido leitor, você não precisa se dar ao trabalho; você pode provar que é "tão bom quanto ele" com facilidade, você só precisa se *comportar* tão bem quanto ele; mas não precisa fazer ninguém *acreditar* que você é tão rico quanto ele. Além disso, se você desperdiçar tempo e gastar dinheiro, sua pobre esposa será obrigada a trabalhar o dobro em casa, e economizar até no chá que toma, para que você possa manter as "aparências" e, no final das contas, não enganar ninguém. Por outro lado, a Senhora Smith pode dizer que sua vizinha se casou com o Senhor Johnson por dinheiro, e que "todo mundo diz isso". Ela tem um belo xale de pelo de camelo que custa uma fortuna, e ela fará com que o Senhor Smith lhe compre um de imitação, para então se sentar em um banco bem ao lado da vizinha na igreja, a fim de provar que elas são iguais.

Minha querida leitora, você não vai progredir no mundo se for governada pela inveja e pela vaidade. Neste país, onde acreditamos que a maioria deve governar, ignoramos esse princípio quando se trata de modismos, e deixamos um punhado de pessoas, que se autodenominam a "elite", criar um falso padrão de perfeição, e ao nos esforçarmos para atingir esse padrão, constantemente nos mantemos pobres — gastando um tempo precioso para manter as aparências.

P.T. BARNUM

Quão mais sábio seria ser uma "lei para nós mesmos" e dizer: "Vou regular minhas finanças, e guardaremos o máximo para tempos difíceis". As pessoas deveriam ser tão sensatas no assunto de ganhar dinheiro quanto em qualquer outro assunto. Causas semelhantes produzem efeitos semelhantes. Você não conseguirá acumular uma fortuna trilhando o caminho que leva à pobreza. Não é preciso nenhum profeta para nos dizer que aqueles que vivem plenamente de acordo com seus meios, sem pensar em um revés nesta vida, nunca podem atingir uma independência financeira.

Homens e mulheres acostumados a satisfazer todos os seus caprichos acharão difícil, a princípio, cortar suas despesas mais fúteis, e se sentirão infelizes de viver em uma casa menor do que estavam acostumados, com móveis mais baratos, menos companhia, roupas menos caras, menos empregados, menos festas, idas ao teatro, passeios, excursões

A ARTE DE GANHAR DINHEIRO

de lazer, consumo de bebidas alcoólicas e outras extravagâncias; no entanto, se eles tentarem aplicar o plano de sempre guardar uma pequena quantia de dinheiro, a juros ou criteriosamente investida em terras, ficarão surpresos com o prazer que se deriva de ver seus bens crescerem gradativamente, bem como de todos os hábitos econômicos que são gerados por esse curso.

Os ternos velhos, o gorro e o vestido já bem usado ainda servirão para outra estação; o espumante tem um gosto melhor do que champanhe; um banho frio e uma caminhada rápida serão mais estimulantes do que um passeio caro; uma conversa entre amigos, uma leitura noturna, uma rodada de jogos em família serão muito mais agradáveis do que uma festa que custa muito dinheiro, quando a reflexão sobre a diferença de custo é permitida por aqueles que começam a conhecer os prazeres de economizar.

P.T. BARNUM

Milhares de pessoas continuam pobres, e dezenas de milhares assim se tornam depois de terem adquirido o suficiente para se sustentarem com conforto, em consequência de colocar seus planos de vida em uma plataforma ampla demais. Algumas famílias gastam milhares por ano, algumas muito mais, e dificilmente saberiam viver de forma mais humilde, enquanto outras vivem confortavelmente com muito menos. A prosperidade é uma provação mais severa do que a adversidade, especialmente a prosperidade repentina. "O que vem fácil, vai fácil", é um provérbio tão antigo quanto verdadeiro. Orgulho e vaidade, quando exacerbados, são o verme-cancro imortal que corrói as próprias entranhas das posses mundanas de um homem, sejam elas pequenas ou grandes, centenas ou milhões. Muitas pessoas, à medida que começam a prosperar, logo expandem suas realidades e começam a gastar com luxos supérfluos, e em pouco

A ARTE DE GANHAR DINHEIRO

tempo as despesas engolem sua renda; e se arruínam em tentativas vãs de manter as aparências.

    Conheço um homem rico que diz que, quando ele começou a prosperar, sua esposa queria um sofá novo e elegante. "Aquele sofá", ele disse, "me custou trinta mil dólares!" Quando o sofá chegou à casa, também foi necessário comprar cadeiras que combinassem; depois aparadores, carpetes e mesas, e assim por diante; quando finalmente percebera que a casa em si era muito pequena e antiquada para tais compras, e uma nova teve de ser construída para corresponder às novas posses; "assim", acrescentou meu amigo, "o que começou com trinta mil dólares, causado por aquele único sofá, cresceu de forma desmedida com funcionários, equipagem e as despesas necessárias para mantermos um 'bom lar', até chegarmos a um gasto anual de onze mil dólares, enquanto, dez anos atrás, vivíamos com muito mais conforto porque precisávamos gastar menos".

"A verdade é", ele continuou, "que aquele sofá poderia ter me levado à falência, se um título de prosperidade sem precedentes não tivesse mantido minhas finanças em dia, e se eu não tivesse reprimido o desejo natural de 'manter as aparências'."

A base de uma vida de sucesso é a boa saúde: esse é o substrato da fortuna; é também a base da felicidade. Uma pessoa não pode acumular uma fortuna quando se está doente. Ela não tem ambição; nenhum incentivo; nenhuma força. Claro, há aqueles que têm pouca saúde e não tem como evitar: você não pode esperar que tais pessoas possam acumular riqueza, mas há muitas pessoas com pouca saúde que não precisam ser assim.

Se, então, a saúde é a base do sucesso e de uma vida feliz, quão importante é que estudemos as leis da

A ARTE DE GANHAR DINHEIRO

saúde, que são apenas outra expressão para as leis da natureza! Quanto mais nos mantemos fiéis às leis da natureza, mais próximos estamos de manter uma vida saudável, e, ainda assim, quantas pessoas existem que não prestam atenção às leis naturais, mas as transgridem por completo, mesmo contra a própria inclinação natural. Devemos saber que o "pecado da ignorância" nunca é ignorado em relação à violação das leis da natureza; sua infração sempre traz consigo um castigo. Uma criança pode botar os dedos no fogo sem saber que vai queimar, e mesmo que se arrependa, não conseguirá impedir a dor. Nossos ancestrais pouco sabiam sobre o princípio da ventilação. Eles não sabiam muito sobre oxigênio e, consequentemente, construíram casas pequenas e sem ventilação, e esses bons e velhos puritanos piedosos, trancando-se nessas celas, faziam suas orações e iam para a cama. De manhã, eles devotadamente agradeciam pela "preservação de suas vidas", durante a noite, ninguém tinha motivo real para ser grato. Provavelmente alguma grande rachadura na janela ou na porta deixava entrar um pouco de ar fresco, e assim os salvava.

Muitas pessoas violam conscientemente as leis da natureza mesmo contra seus melhores impulsos, por uma simples questão de querer seguir os modismos. Por exemplo, não há hábito mais vil do que o fumo de tabaco; no entanto, quantas pessoas existem que deliberadamente treinam seus respectivos apetites e superam suas aversões naturais contra o tabaco, a tal ponto que chegam a amá-lo? Eles se apoderaram de uma planta venenosa e imunda, ou melhor, a planta que se apodera deles. Há também os homens casados que correm por aí cuspindo suco de tabaco no carpete e no chão, às vezes até mesmo na companhia de suas esposas. Eles não expulsam suas esposas de casa como fazem os embriagados, mas suas esposas, não tenho dúvidas, muitas vezes desejam expulsá-los.

Outra característica perigosa desse apetite artificial, assim como o ciúme, é que ele cresce com o que se alimenta, ou seja, quando você ama o que não é natural, é criado pela coisa prejudicial um desejo mais forte do que o desejo natural pelo que é inofensivo. Há um velho ditado popular que diz que "um hábito é como uma segunda natureza", mas um hábito artificial é mais forte que a natureza. Tomemos como exemplo um velho mascador de tabaco; seu amor pela planta é mais forte que seu amor por qualquer tipo de comida. Ele pode desistir do rosbife com mais facilidade que desistirá do tabaco.

Jovens rapazes lamentam não serem ainda homens feitos; eles gostariam de ir para a cama meninos e acordar homens; e para alcançar esse objetivo, eles copiam os maus hábitos dos mais velhos. Os pequenos

P.T. BARNUM

Tommy e Jimmy veem seus pais ou tios fumando, e dizem entre si: "Eu seria homem se pudesse fumar também. Quando o Tio John sair e esquecer o cigarro, vamos experimentar?". Eles pegam um fósforo e o acendem, e então fumam. "Pronto, aprendemos a fumar. Gostou, Johnny?" Ao que o garoto responde, infeliz: "Não muito; tem um gosto amargo". Aos poucos ele fica pálido, mas persiste na prática e logo oferece um sacrifício no altar dos modismos. Ao se apegarem ao hábito, este, por fim, conquista seus apetites naturais, tornando-lhes então vítimas de gostos adquiridos.

Falo por experiência própria, pois notei os efeitos do tabaco em mim mesmo, tendo chegado ao ponto de fumar dez ou quinze charutos por dia, embora não tenha fumado nos últimos quatorze anos, e não planejo retomar o vício. Quanto mais um homem fuma, mais ele anseia por fumar; o último charuto fumado excita o desejo por outro, e assim por diante incessantemente.

Pegue por exemplo o mascador de tabaco. De manhã, quando ele se levanta, ele coloca a planta na boca e a mantém lá o dia todo, nunca a tirando, exceto para trocá-la por uma nova, ou quando ele vai comer. Sim, em intervalos durante o dia e a noite, muitos mascadores tiram a erva e a seguram na mão tempo suficiente para tomar um gole, e então a botam na boca mais uma vez. Isso prova que o apetite pelo álcool é ainda mais forte do que o pelo tabaco. Quando o dono de um sítio mostra a um mascador de tabaco sua vinícola, suas frutas, e as belezas de seu jardim, ele pode até oferecer algumas frutas frescas e maduras, dizendo: "Meu amigo, tenho aqui as mais deliciosas maçãs, peras, pêssegos e damascos; eu os importei da Espanha, França e Itália — veja só estas uvas; não há nada mais delicioso nem mais saudável do que frutas maduras, então sirva-se; eu quero que você aproveite e prove de tudo", mas o mascador sempre rolará a erva sob a língua e responderá: "Não, obrigado, tenho tabaco na boca". Seu paladar ficou narcotizado pela planta nociva, e perdeu, tragicamente, o gosto delicado e invejável por frutas. Isso mostra em que hábitos caros, inúteis e prejudiciais as pessoas podem se envolver. Falo por experiência própria. Fumei até tremer como uma folha de álamo, o sangue correu para minha cabeça e tive uma palpitação tão forte no coração que pensei ser um ataque cardíaco, e quase morri de susto. Quando consultei meu médico, ele pediu que eu parasse de fumar. Eu não estava apenas prejudicando minha saúde e gastando dinheiro à toa, mas também estava dando um mau exemplo, então obedeci ao conselho. Nenhum jovem no mundo é verdadeiramente bonito quando fuma.

A ARTE DE GANHAR DINHEIRO

Essas observações se aplicam ainda mais em relação ao consumo de bebidas alcoólicas. Para ganhar dinheiro, é preciso pensar com clareza. Uma pessoa precisa ter plena consciência que dois mais dois são quatro, ela deve estabelecer todos os seus planos com reflexão e propósito, e examinar de perto todos os detalhes e os meandros dos seus negócios. Como ninguém pode ter sucesso nos negócios a menos que tenha um cérebro para exercer seus planos, e razão plena para guiá-lo em sua execução, então, não importa o quão inteligente uma pessoa seja, se o cérebro estiver confuso, e seu julgamento distorcido pelo álcool, é impossível que ela consiga continuar a exercer seus negócios com sucesso. Quantas boas oportunidades passaram, para nunca mais voltar, enquanto alguém bebia com os amigos! Quantas barganhas tolas foram feitas sob a influência da bebida que fez sua vítima pensar temporariamente que era

P.T. BARNUM

rica! Quantas chances importantes foram adiadas para amanhã, e depois para sempre, porque a taça de vinho jogou o sistema em um estado de lassidão, neutralizando as energias tão essenciais para o sucesso nos negócios. Na verdade, o álcool destrói. O uso da bebida alcoólica é tanto uma obsessão quanto o fumo de ópio por alguns chineses, e o primeiro é tão destrutivo para o sucesso de um empreendedor quanto o último. É um mal absoluto, completamente indefensável à luz da filosofia; religião ou bom senso. É o pai de quase todos os outros males onde vivemos.

Aceite sua vocação

O plano mais seguro, com sucesso mais garantido para o jovem cuja vida está começando, é selecionar a vocação que seja mais compatível com seus gostos. Pais e tutores são frequentemente negligentes quanto a isso. É muito comum que um pai diga, por exemplo: "Tenho cinco filhos. O primeiro será clérigo; o segundo será advogado; o terceiro será médico, e o quarto será fazendeiro". Então sai por aí e procura o que fazer com o quinto filho. Volta para casa e diz: "A relojoaria é um negócio bom e requintado; acho que você será ourives". Ele decide isso sem levar em conta as inclinações naturais ou o gênio do quinto filho.

Todos, sem dúvida, nascemos para um sábio propósito. Há tanta diversidade em nossos cérebros quanto em nossos semblantes. Alguns nascem mecânicos por natureza, enquanto outros sentem aversão por maquinário. Junte uma dúzia de garotos de dez anos, e logo observará que dois ou três estão inventando alguma coisa; trabalhando com fechaduras ou máquinas complicadas. Quando tinham apenas cinco anos, seus pais não conseguiam encontrar nenhum brinquedo para agradá-los além de um bom quebra-cabeça. Eles são mecânicos natos; mas os outros oito ou nove meninos têm aptidões diferentes. Eu pertenço à última classe; nunca tive o gosto pela engenharia; pelo contrário, tenho uma espécie de aversão a qualquer maquinário complicado. Nunca tive engenhosidade suficiente para arrumar uma torneira para que não vazasse. Nunca consegui arrumar uma caneta com a qual pudesse escrever, ou entender os princípios de uma máquina a vapor. Se alguém pegasse um garoto como eu e

A ARTE DE GANHAR DINHEIRO

tentasse fazer dele um relojoeiro, o garoto poderia, depois de um aprendizado de cinco ou sete anos, ser capaz de desmontar e montar um relógio; mas estaria constantemente infeliz e aproveitando todas as desculpas possíveis para abandonar o trabalho e desperdiçar o tempo. A relojoaria lhe seria repulsiva.

A pessoa precisa seguir a vocação que melhor combina com sua natureza, e mais adequada a suas peculiaridades, senão jamais alcançará o sucesso. Fico feliz em acreditar que a maioria das pessoas eventualmente encontra sua vocação correta. No entanto, vemos muitos que erraram sua vocação, do ferreiro até o clérigo. Você verá, por exemplo, aquele linguista extraordinário, o "ferreiro erudito", que deveria ter sido um professor de literatura; e você pode ter visto advogados, médicos e clérigos cujos talentos natos mais combinariam com o trabalho manual.

Escolha o local certo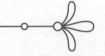

Depois de garantir a vocação certa, você deve ter cuidado ao escolher um local adequado. Você pode ter nascido para se tornar um hoteleiro, e dizem que é preciso ser um gênio para saber manter um hotel. Você pode administrá-lo com precisão e atender satisfatoriamente quinhentos hóspedes todos os dias; no entanto, se montar sua empresa em um vilarejo onde não há comunicação ferroviária ou transporte público, o local estará fadado ao fracasso. É igualmente importante que você não comece uma empresa onde já haja mercado o suficiente para atender a todas as demandas na mesma ocupação. Lembro-me de um caso que ilustra bem esse assunto. Quando eu estava em Londres em 1858, caminhava pelo bairro Holborn com um amigo inglês e fomos a um pequeno espetáculo circense.

A ARTE DE GANHAR DINHEIRO

Eles tinham cartazes ilustrados do lado de fora, retratando as maravilhosas curiosidades a serem vistas "por apenas um centavo". Sendo eu mesmo uma pessoa artística, disse para entrarmos. Logo nos encontramos na presença do ilustre apresentador do espetáculo, que provou ser um dos homens mais astutos que já conheci. Contou-nos uma porção de histórias extraordinárias sobre mulheres barbadas, albinos e tatus, nas quais mal podíamos acreditar, mas achamos que era melhor acreditar do que procurar por uma prova contrária. Ele finalmente pediu para que fôssemos ver umas estátuas de cera e nos mostrou algumas das figuras de cera mais imundas que se possa imaginar. Pareciam não ter visto água desde o Dilúvio.

"O que há de tão incrível a respeito do seu museu de cera?", perguntei.

"Peço que não seja tão sarcástico", ele respondeu. "Senhor, estas não são como as estátuas de Madame Tussaud, cobertas de ouro, enfeites e diamantes falsos, e copiadas de gravuras e fotografias. As minhas, meu senhor, são inspiradas em pessoas reais. Sempre que olhar para uma dessas estátuas, pode considerar que está olhando para o indivíduo vivo."

Olhando casualmente para as estátuas, vi uma com uma placa que dizia "Henrique VIII" e, sentindo-me um pouco curioso ao ver que parecia ser, na verdade, Calvin Edson, o esqueleto vivo, perguntei: "Você chama isso de 'Henrique VIII?'".

Ele respondeu: "Sem dúvidas, meu senhor; foi feita na época do mesmo, na Corte Hampton, por ordem especial de Sua Majestade".

Ele teria reparado se eu tivesse resistido a responder, então disse: "Todo mundo sabe que 'Henrique VIII' foi um rei bem grande e robusto, enquanto sua estátua é magra e esguia; o que o senhor tem para dizer a respeito?".

"Ora", ele respondeu, "você também emagreceria sem parar se ficasse sentado aí por tanto tempo quanto ele".

Não havia como vencer aquele argumento. Eu disse ao meu amigo inglês: "Vamos sair, não diga a ele quem sou, eu desisto".

O apresentador nos seguiu até a porta e, vendo o povo na rua, gritou: "senhoras e senhores, peço que prestem atenção ao caráter respeitável dos meus visitantes", apontando para nós enquanto nos afastávamos. Eu o visitei alguns dias depois, após me apresentar, disse:

"Meu bom amigo, você é um excelente apresentador, mas escolheu um local ruim."

P.T. BARNUM

Ele respondeu: "Eu concordo, senhor; sinto que todos os meus talentos foram jogados no lixo, mas o que posso fazer?".

"Você pode ir para os Estados Unidos", respondi. "Aproveitará melhor seus talentos por lá; eu o contratarei por dois anos; depois disso, você poderá continuar por conta própria."

Ele aceitou minha oferta e permaneceu dois anos no meu Museu de Nova York. Depois, foi para Nova Orleans e continuou com um circo itinerante durante o verão. Hoje, ele vale sessenta mil dólares, simplesmente porque escolheu a vocação certa e também escolheu o local adequado para seus negócios.

O velho provérbio diz: "Três mudanças são tão ruins quanto um incêndio", mas quando um homem está pegando fogo, pouco importa o quão cedo ou com que frequência ele se muda.

Evite dívidas

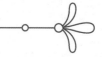

Jovens que estão começando a vida agora devem evitar contrair dívidas. Não há quase nada que arraste uma pessoa para o fundo do poço como dívidas. Dívidas levam pessoas a condições servis, e existem muitos jovens recém-saídos da adolescência que já se encontram endividados. O jovem encontra um amigo e diz: "Veja só, consegui crédito para comprar esse terno novo". Ele considera ter roupas novas algo importante, e muitas vezes é mesmo, mas se conseguir pagar a dívida e voltar a pedir por crédito, ele terá adotado um hábito que o manterá na pobreza pelo resto da vida. A dívida rouba a dignidade do ser humano, e o faz quase desprezar a si mesmo. Entre lamúrias e reclamações, ele trabalha pelo que já comeu ou já usou, e, ao pagar a conta, não tem mais nada no bolso. Isso é apropriadamente denominado "trabalhar para um cavalo morto".

Não falo aqui de comerciantes comprando e vendendo a crédito, ou daqueles que compram a crédito para transformar a compra em lucro. O velho quacre disse ao seu filho fazendeiro: "Nunca se endivide; porém, caso se endividar, que seja pelo seu trabalho, pois assim a dívida poderá ser paga mais facilmente".

Henry Ward Beecher aconselhou alguns jovens que, caso pudessem, fizessem empréstimos de valor pequeno para compra de propriedades rurais. "Se um jovem", ele disse, "ficar endividado apenas por comprar um sítio e depois se casar, essas duas coisas o manterão na linha, ou nada o manterá." Isso pode ser válido até certo ponto, mas se endividar pelo que você come, bebe e veste deve ser evitado a todo custo. Algumas famílias têm o hábito tolo de obter crédito nas "lojas" e, muitas vezes, compram futilidades que poderiam facilmente ser dispensadas.

Parece fácil dizer: "Fiz um empréstimo de até sessenta dias e, se eu não tiver o dinheiro, o credor não fará nada a respeito". Não há nenhuma classe de pessoas no mundo que tenha uma memória tão afiada quanto a dos credores. Quando os sessenta dias acabarem, você terá que pagar. Se você não pagar, quebrará sua promessa, e provavelmente recorrerá a mentiras. Você pode dar alguma desculpa ou se endividar em outro lugar para pagar, mas isso só lhe trará mais problemas ainda.

Veja por exemplo o caso de Horácio, um aprendiz jovem e bonito, mas muito preguiçoso. Um dia, ouviu de seu empregador: "Horácio, você já viu alguma lesma?". "Acho que sim", ele respondeu, bem devagar. "Você realmente deve conhecê-las então, pois tenho certeza de que nunca foi tão rápido quanto uma", disse o chefe.

Seu credor encontrará você uma hora ou outra, e lhe dirá: "Meu jovem amigo, você concordou em me pagar, mas não pagou, agora precisa assinar uma nota promissória". Você assinará a nota com juros e os juros vão começar a trabalhar contra você, exatamente como um "um cavalo morto". O credor vai para a cama à noite e acorda na manhã seguinte com humor melhor do que na véspera, porque seus juros aumentaram durante a noite, mas você fica mais pobre enquanto dorme, pois os juros terão se acumulado contra você.

O dinheiro é, em alguns aspectos, como o fogo; é um servo excelente, mas terrível quando se torna seu amo. Ao ficar sob o domínio do dinheiro, com juros constantemente acumulando contra você, ele o manterá no pior tipo de escravidão. Mas deixe o

A ARTE DE GANHAR DINHEIRO

dinheiro trabalhar a seu favor, e você terá o servo mais devoto do mundo. Ele não trabalha só quando você o está observando. Nenhum ser animado ou inanimado funcionará tão fielmente quanto o dinheiro quando colocado a juros, bem protegido. Ele trabalha noite e dia, faça chuva, faça sol.

Eu nasci no estado de Connecticut, nos Estados Unidos, onde os velhos puritanos tinham leis tão rígidas que se dizia que um homem poderia até mesmo ser multado por beijar sua esposa aos domingos. No entanto, esses puritanos ricos tinham milhares de dólares rendendo em juros, que valiam certa quantia no sábado à noite. No domingo, iam à igreja realizar todos seus deveres de cristão, e ao acordar na segunda-feira de manhã, se encontravam consideravelmente mais ricos do que no último sábado à noite, apenas porque o dinheiro aplicado em juros havia trabalhado fielmente para eles o dia todo de domingo, tudo dentro da lei!

Não deixe o dinheiro trabalhar contra você; se você fizer isso, não há chance de sucesso na vida no que diz respeito a dinheiro. John Randolph, o excêntrico congressista do estado americano da Virgínia, certa vez exclamou no Congresso: "Senhor Presidente, descobri a pedra filosofal: pague conforme usa". Isso está, de fato, mais perto da pedra filosofal do que qualquer alquimista já chegou.

Seja perseverante

Quem está no caminho certo precisa perseverar. Digo porque há algumas pessoas que nascem cansadas. São preguiçosas por natureza, desprovidas de autoconfiança e perseverança. No entanto, mesmo essas pessoas podem cultivar essas qualidades. Como disse o pioneiro americano Davy Crockett: "Lembre-se disto mesmo depois da minha morte: tenha certeza de que você está certo, então siga em frente".

É essa determinação de seguir em frente, essa determinação de não deixar que os horrores ou a depressão tomem conta de você, sugando suas energias na batalha pela independência, que você sempre deve cultivar. Quantos quase alcançaram o objetivo de sua ambição, mas, perdendo a fé em si mesmos, ficaram sem energia para continuar e perderam para sempre a recompensa que tanto queriam? Sem dúvidas, no geral, as palavras de William Shakespeare estão corretas: "Há uma maré nos assuntos dos homens que, aproveitada enquanto cheia, leva à fortuna".

Se você hesitar, alguém mais ousado passará na sua frente e levará a recompensa. Lembre-se do provérbio de Salomão: "Quem trabalha com mão fraca empobrece, mas a mão dos diligentes sempre enriquece".

Perseverança, às vezes, não passa de um sinônimo para autoconfiança. Muitas pessoas nascem com o costume de olhar apenas para o lado sombrio da vida, se preocupando demais sem necessidade. São assim por natureza, então pedem conselhos e serão governadas por um vento e sopradas por outro, sem confiança em si mesmas. Até que você confie em si mesmo, não adianta esperar pelo sucesso.

Conheci pessoas que morreram por suicídio depois de reveses financeiros porque acreditavam que jamais superariam seu infortúnio. Mas conheci outros que enfrentaram dificuldades financeiras mais sérias ainda e as superaram pela simples perseverança, auxiliados por uma firme crença de que estavam da forma correta e que a Providência "superaria o mal com o bem". Você verá isso ilustrado em qualquer esfera da vida.

Imagine dois generais; ambos bons entendedores de táticas militares, ambos educados em West Point; se você preferir, ambos igualmente talentosos. Ainda assim, se um tiver o hábito da perseverança e o outro não, o primeiro terá sucesso em sua profissão, enquanto o último fracassará.

Ao ouvir o alarme "o inimigo está chegando, e eles têm canhões", o general hesitante pergunta:

"Com canhões?"

"Sim."

"Então dê voz de comando a toda tropa."

P.T. BARNUM

Ele quer tempo para refletir, e sua hesitação é sua ruína; o inimigo passa sem resistência ou o leva à derrota; enquanto, por outro lado, o general resoluto, perseverante e possuidor de autoconfiança entra em batalha com determinação e, em meio ao embate, ao estrondo dos canhões, aos gritos dos feridos e aos gemidos dos feridos, seguirá em frente, abrindo caminho com determinação inabalável, inspirando seus soldados a serem igualmente corajosos e triunfantes.

Faça o seu melhor

Trabalhe quando for necessário, cedo e tarde, dentro ou fora de estação, não deixando pedra sobre pedra, e nunca adiando nem uma única hora o que pode ser feito agora. Este antigo provérbio carrega consigo muita verdade: "Tudo o que vale a pena fazer, vale a pena fazer bem". Muitas pessoas fazem fortuna comandando seus negócios com diligência, enquanto outros continuam pobres a vida toda, pois fazem tudo pela metade. Ambição, energia, engenho e perseverança são requisitos indispensáveis para alcançar o sucesso nos negócios.

A fortuna sempre favorece os mais corajosos, e nunca ajuda um homem que não faz nada por si mesmo. Não vai adiantar gastar seu tempo como o Senhor Micawber, que vive esperando "que algo vai acontecer". Para pessoas como ele, de duas coisas ao menos uma acontece: o abandono ou a prisão, pois a ociosidade gera maus hábitos, e veste a pessoa em trapos. O pobre vagabundo e irresponsável diz a um homem rico:

"Descobri que há dinheiro suficiente no mundo para todos nós, desde que ele seja dividido igualmente. Isso deve ser feito para que todos sejamos felizes juntos".

E a resposta do homem rico foi a seguinte: "Mas se todos fossem como você, todo dinheiro seria gasto em dois meses, e o que você faria então?".

"Ora, dividiria novamente! E continuaria, é claro!"

Recentemente, li em um jornal de Londres o relato de um pobre filósofo que havia sido despejado de uma pensão barata porque não conseguia pagar a conta, mas ele tinha um rolo de papéis saindo do bolso do casaco, que, após uma análise, provou ser seu plano para pagar a dívida nacional da Inglaterra sem a ajuda de um centavo. As pessoas deveriam seguir os conselhos de Oliver Cromwell, que disse: "Não confie apenas na Providência, mantenha a pólvora seca". Faça sua parte do trabalho, ou você não terá sucesso.

Uma noite, enquanto acampava no deserto, Maomé ouviu um de seus seguidores, exausto, comentar: "Vou soltar meu camelo e confiá-lo a Deus!". Ao que o profeta respondeu: "Não, não, não faça isso. Amarre seu camelo e, então, deixe-o aos cuidados de Deus!".

Façam tudo que puderem por si mesmos, e somente então confiem na Providência — ou sorte, ou como você quiser chamar — para o resto.

Dependa apenas do seu próprio esforço

O olho do empregador, em geral, vale mais do que as mãos de uma dúzia de funcionários. Pela natureza das coisas, um funcionário não pode ser tão fiel ao seu empregador quanto a si mesmo. Muitos empregadores lembrarão de casos em que seus melhores funcionários deixaram passar pontos importantes que não teriam escapado de sua própria observação como proprietário. Ninguém tem o direito de esperar ter sucesso na vida a menos que entenda o seu negócio, e ninguém pode entender seu negócio por completo a menos que o aprenda através da própria dedicação e experiência pessoal.

Quem deseja empreender precisa aprender as minúcias de seu empreendimento por si só, e tanto aprenderá alguma coisa nova todos os dias quanto

A ARTE DE GANHAR DINHEIRO

cometerá erros quase todos os dias. E esses erros, se dados a devida atenção, sempre ajudarão no aprendizado. Ele será como o caixeiro-viajante que, tendo sido enganado quanto à qualidade da mercadoria que comprou, diz: "Tudo bem, aprende-se um pouco a cada dia; nunca mais serei enganado dessa forma". Assim, o empreendedor compra a própria experiência, e sempre será a melhor das compras, desde que o custo não tenha sido muito alto.

Eu acredito que todo mundo, como o naturalista francês Georges Cuvier, precisa conhecer profundamente seu negócio. Cuvier era tão proficiente no estudo da história natural, que se visse um osso, ou mesmo um fragmento de osso de um animal cuja descrição ele desconhecia, seria capaz de desenhar a figura do objeto do qual o osso havia sido retirado através do raciocínio fundamentado por analogia.

P.T. BARNUM

Em certa ocasião, seus alunos tentaram enganá-lo. Enrolaram um osso em pele de vaca e o colocaram sob a mesa do professor como se fosse um novo espécime. Quando Cuvier entrou na sala, alguns dos alunos perguntaram a ele de qual animal aquele espécime se tratava. De repente, o animal disse: "Eu sou o diabo e vou comer você". Naturalmente, Cuvier desejou classificar a criatura e, examinando-a com atenção, disse:

"Isso não será possível; com casco dividido, é um herbívoro!"

Ele sabia que um animal com casco dividido vive sobre a grama, campo ou outro tipo de vegetação, e não teria a inclinação de se alimentar de carne, tanto viva quanto morta. Sendo assim, concluiu que estaria seguro. O conhecimento profundo do seu negócio é uma necessidade absoluta para garantir o sucesso.

A ARTE DE GANHAR DINHEIRO

Entre as máximas do velho Rothschild havia uma, aparentemente paradoxal: "Seja cauteloso e ousado". Isso parece ser uma contradição, mas não é, e há grande sabedoria na máxima. É, na verdade, um resumo de tudo aquilo que venho dizendo. Significa que você deve ser cauteloso ao traçar seus planos, mas ser ousado ao executá-los. Quem é excessivamente cauteloso, jamais ousará se estabelecer e ser bem-sucedido, e quem é ousado demais não passa de uma pessoa imprudente e, com certeza, não se dará bem. Uma pessoa pode arriscar a sorte e ganhar cinquenta, ou cem mil dólares especulando em ações, em uma única operação. Mas isso apenas será sorte, se ela tiver precaução. Caso contrário, o que ganhou hoje poderá ser perdido amanhã. Para garantir o sucesso, precisamos ser tanto cautelosos quanto ousados.

Os Rothschilds têm também outra máxima: "Nunca faça negócios com uma pessoa em um lugar

P.T. BARNUM

de má sorte". Ou seja, nunca devemos nos envolver com pessoas ou lugares que nunca dão certo, porque, embora um homem possa parecer honesto e inteligente, se ele tenta a mesma coisa e sempre falha, é por conta de algum problema ou fraqueza ainda não detectada, mas que certamente deve existir.

A sorte não existe. Nunca houve alguém que saísse de casa e encontrasse hoje na rua uma bolsa cheia de dinheiro, e outra amanhã, e assim por diante, dia após dia. Isso pode acontecer uma vez na vida; mas no que diz respeito à mera sorte, está tão suscetível a perdê-la quanto a encontrá-la. É uma relação de causa e efeito. Se alguém adota os melhores métodos para ter sucesso, a "sorte" não o impedirá. Se não tiver sucesso, haverá razões para isso, embora talvez não consiga vê-las.

Use as melhores ferramentas

Ao contratar funcionários, certifique-se de que escolheu os melhores. Entenda que não existem ferramentas que não sirvam por serem eficientes demais, e não há ferramenta com a qual você deva ser tão exigente quanto ferramentas vivas. Se conseguir um bom funcionário, é melhor mantê-lo do que trocá-lo com frequência. Um bom funcionário aprende algo novo todo dia e você se beneficia de toda experiência que ele adquire. Ele valerá mais a você este ano do que no ano anterior, e deve ser o último que você deve deixar ir embora, desde que seus hábitos sejam bons e ele continue fiel. Se, à medida que o funcionário se torna mais valioso, ele pedir um aumento exorbitante de salário, supondo que você não pode viver sem ele, deixe-o ir. Sempre que tenho um funcionário assim, eu sempre o dispenso; primeiro para convencê-lo de que não é insubstituível, e segundo, porque não servirá para mais nada se pensa que é inestimável a ponto de não acreditar que não pode ser substituído. Mas eu o manteria, se possível, para lucrar com o resultado de sua experiência.

Um elemento importante em um funcionário é seu cérebro. É como ver cartazes pedindo por funcionários que dizem "Precisa-se de braços", mas braços não valem muito sem cabeças.

O Senhor Beecher ilustra isso com sabedoria: "Considere um empregado que oferece seus serviços dizendo 'Eu tenho um par de mãos e um dos meus dedos pensa'". "Isso é muito bom", diz o empregador. Enquanto isso, outro aparece e diz que dois de seus dedos pensam. "Ah! Então melhorou!" Mas um terceiro chega e diz: "Todos meus dedos e polegares pensam". E o empregador: "Isso é ainda melhor!".

A ARTE DE GANHAR DINHEIRO

Finalmente outro entra e diz: "Eu tenho um cérebro que pensa, mas meu corpo inteiro também pensa; eu sou um homem que pensa *e* que trabalha!". "Você é o funcionário que eu estava procurando!", exclama o empregador, maravilhado.

Aqueles que têm tanto inteligência quanto experiência são, portanto, os mais valiosos funcionários e não devem ser facilmente dispensados. E melhor para eles, assim como para você, mantê-los com razoáveis aumentos de salário, de tempos em tempos.

Não deixe seus negócios em segundo plano

Os jovens, quando concluem seus estudos nos negócios, em vez de seguirem na sua vocação e prosperarem, com frequência mentem para justificar o ócio. Eles dizem: "Aprendi meu negócio, mas não quero trabalhar para os outros. Qual é o objetivo de aprender meu ofício ou profissão, a menos que eu consiga me estabelecer por conta própria?"

"Você tem capital para começar?"

"Não, terei um dia."

"E como vai consegui-lo?"

"Vou lhe contar um segredo: tenho uma tia velha e rica, e ela vai morrer logo; mas se ela não morrer, espero encontrar algum outro velho rico disposto a me emprestar alguns milhares para que eu me estabeleça. Se eu ao menos conseguir o dinheiro para começar, me sairei bem."

A ARTE DE GANHAR DINHEIRO

Não há erro maior do que quando um jovem acredita que terá sucesso com dinheiro emprestado. Por quê? Porque a experiência comum confirma a do magnata John Jacob Astor, que afirmou que foi mais difícil para ele acumular seus primeiros mil dólares do que todos os milhões subsequentes que formaram sua enorme fortuna. O dinheiro não serve para nada, a menos que você saiba o valor dele por experiência. Dê a um garoto vinte mil dólares e coloque-o em algum empreendimento; as chances são de que ele perca tudo em menos de um ano. Como comprar um bilhete na loteria e ganhar um prêmio: "O que vem fácil, vai fácil". Esse garoto não conhece o valor do dinheiro, porque nada tem valor a menos que tenha custado algum esforço. Sem abnegação e economia, paciência e perseverança, e começando com um capital que não conquistou com o próprio trabalho, você não pode ter certeza que conseguirá juntar dinheiro.

Os jovens, em vez de esperar pelos sapatos dos mortos, deveriam agir por si só, pois não há classe de pessoas mais inconvenientes em relação à morte quanto velhos ricos, o que não deixa de ser uma sorte para futuros herdeiros. Nove em cada dez homens ricos dos Estados Unidos do século XIX começaram a vida como meninos pobres, com muita determinação, trabalho, perseverança, economia e bons hábitos. Eles foram gradualmente ganhando e economizando dinheiro; e esta é a melhor maneira de adquirir uma fortuna.

O banqueiro Stephen Girard começou a vida como um pobre marujo e morreu com uma fortuna de nove milhões de dólares. O comerciante A. T. Stewart, um pobre garoto irlandês, acabou pagando um imposto de renda anual de um milhão e meio de dólares. John Jacob Astor, um pobre garoto da fazenda, morreu com vinte milhões. O empresário Cornelius Vanderbilt começou a vida remando um barco de Staten Island para Nova York e presenteou o governo americano com um navio a vapor que valia um milhão de dólares e morreu com cinquenta milhões.

"Não há caminho fácil para o aprendizado", diz o provérbio, e posso dizer também que não existe caminho sem obstáculos para a riqueza, mas acredito que existe uma boa estrada para ambos. É a estrada do aprendizado, que permite ao aluno expandir seu estoque de conhecimento, até que, no agradável processo de crescimento intelectual, ele seja capaz de resolver os problemas mais profundos, contar as estrelas, analisar cada átomo da Terra e medir o firmamento. Esta é uma estrada extraordinária, e a única estrada que vale a pena viajar.

P.T. BARNUM

Então, em relação à riqueza, continue confiante, estude as regras e, acima de tudo, estude a natureza humana; pois, segundo Alexander Pope, "o melhor estudo para a humanidade é o próprio homem". Você descobrirá que, ao expandir o intelecto e os músculos, sua experiência ampliada permitirá que você acumule mais e mais capital a cada dia, o que aumentará com juros até que você alcance a independência financeira. Você descobrirá, no geral, que meninos pobres ficam ricos e meninos ricos ficam pobres. Por exemplo, um homem rico, ao falecer, deixa uma grande herança para sua família. Seus filhos mais velhos, que o ajudaram a ganhar a fortuna, sabem por experiência própria o valor do dinheiro, e conseguem expandir por si mesmos suas partes da herança. A parte das crianças foi investida a juros, e várias vezes por dia os pequenos herdeiros escutam, enquanto recebem tapinhas carinhosos na cabeça: "Você é rico; você nunca terá que trabalhar, você sempre pode ter o que quiser, pois nasceu em berço de ouro".

O jovem herdeiro logo descobre o que isso significa; ele tem as melhores roupas e os melhores brinquedos; ele se entope de doces e quase sufoca de tanta gentileza que recebe. Ele passa de uma escola para outra, adulado por todos. Ele se torna cada vez mais arrogante e presunçoso, abusa dos professores e é autoritário com tudo. Ele não conhece o valor real do dinheiro, já que nunca teve que trabalhar para ganhá-lo, mas sabe de tudo a respeito de nascer em um "berço de ouro". Na faculdade, convida colegas mais pobres para seu quarto, onde lhes oferece vinhos e jantares. Ele é bajulado, paparicado, sendo considerado por eles como um bom companheiro porque é tão pródigo com seu dinheiro. Ele oferece banquetes aos amigos, monta cavalos velozes, convida colegas a festas sob o pretexto de viver "bons momentos". Ele farreia a noite inteira e canta com os amigos "não voltaremos pra casa antes do amanhecer". Ele convence os mesmos amigos a cometer vandalismos, derrubar placas, desmontar porteiras e jogá-las em quintais e celeiros. Se a polícia os prende, ele contorna a situação e alegremente paga as fianças.

"Ah, meus caros!", grita ele, "de que adianta ser rico se você não pode se divertir?" Ele seria mais verdadeiro se dissesse: "De que adianta ser rico se você não pode fazer papel de idiota?". Mas ele é "esperto", odeia lentidão e é incapaz de compreender as coisas.

Jovens cheios da grana conquistada por outras pessoas quase sempre acabam perdendo tudo o que herdam, e adquirem todos os tipos de maus hábitos que, na maioria dos casos, os arruínam em saúde, economia e caráter.

Nos Estados Unidos, uma geração segue a outra, e os pobres de hoje serão os ricos da próxima. A própria experiência os impulsiona; eles se tornam ricos, e deixam vastas heranças para seus filhos pequenos. Essas crianças, tendo sido criadas no luxo, são inexperientes e eventualmente empobrecem. Então, são sucedidos por outra geração de novos-ricos, e assim a história se repete. Feliz é aquele que, ouvindo a experiência alheia, evita as rochas e os bancos de areia nos quais tantos naufragaram.

Na Inglaterra, o negócio faz o homem. Naquele país, se um homem é um mecânico ou trabalhador, ele não é reconhecido como um cavalheiro. Na ocasião da minha primeira aparição diante da Rainha Vitória, o Duque de Wellington me perguntou a que círculo social pertenciam os pais do General Tom Thumb. Respondi que Thumb era filho de um carpinteiro, ao que a Sua Alteza exclamou: "Ah! Pensava que ele era um cavalheiro".

P.T. BARNUM

Nos Estados Unidos, uma república, é o homem que faz o negócio. Não importa se ele é um ferreiro, um sapateiro, um fazendeiro, um banqueiro ou um advogado, desde que seu negócio seja legítimo, ele pode ser considerado um cavalheiro. Então, qualquer negócio "legítimo" é uma bênção dupla, pois ajuda não apenas aquele diretamente envolvido como também os outros. O fazendeiro sustenta a própria família, mas também beneficia o comerciante ou mecânico que precisa dos produtos de sua fazenda. O alfaiate não só ganha a vida com seu ofício, mas também beneficia o fazendeiro, o clérigo e todos os outros que não fazem as próprias roupas. Mas todas essas classes muitas vezes podem ser constituídas por cavalheiros.

A grande ambição deveria ser superar todos que trabalham na mesma ocupação. O estudante universitário que estava prestes a se formar disse a um velho advogado: "Ainda não decidi qual profissão seguirei. Há espaço na sua área?".

"O porão está lotado, mas há bastante espaço nos andares de cima", foi a resposta espirituosa e realista do advogado.

Nenhuma profissão, comércio ou vocação está lotada nos níveis mais altos. Onde quer que você encontre o comerciante ou banqueiro mais honesto e sagaz, ou o melhor advogado, o melhor médico, o melhor clérigo, o melhor sapateiro, carpinteiro ou qualquer outra coisa, esse homem é o mais procurado e sempre tem trabalho o suficiente para fazer. Como nação, os estadunidenses são muito superficiais, se esforçam para enriquecer rapidamente, mas, no geral, não são tão cuidadosos com seus negócios quanto deveriam. No entanto, quem tem bons hábitos, quem tem integridade inquestionável e se destaca entre os colegas de profissão, conquistará uma boa clientela, e com ela, alcançará a riqueza almejada.

Que seu lema seja sempre Excelência, pois ao viver de acordo com ela, não existirá palavra como Fracasso.

Aprenda algo útil
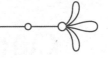

Todos deveriam estimular seus filhos e filhas a aprender algum ofício ou profissão útil. Somente assim, nestes dias incertos de ser rico hoje e pobre amanhã, eles podem ter algo tangível para recorrer. Tal providência pode salvar muitas pessoas da miséria, que por alguma reviravolta inesperada da sorte perderam todos os seus meios.

Cultive esperança, mas não seja apenas um sonhador

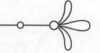

Muitas pessoas continuam na pobreza porque são muito visionárias. Todos os projetos lhe parecem fadados ao sucesso e, portanto, elas continuam mudando de um negócio para outro, sempre em maus lençóis, sempre com um futuro incerto. O plano de "contar com os ovos que ainda estão na galinha" é um erro tão comum quanto antigo, mas não parece melhorar com o decorrer do tempo.

Não disperse sua energia

Dedique-se a apenas um tipo de negócio e mantenha-se fiel a ele até obter sucesso, ou até que sua experiência demonstre que você deve abandoná-lo. Martelar o mesmo prego em ritmo constante eventualmente acaba fixando-o na parede. Quando sua atenção estiver focada em uma única coisa, sua mente estará o tempo todo propondo melhorias que não seriam percebidas se seu cérebro estivesse ocupado por uma dúzia de assuntos diferentes ao mesmo tempo. Muitas fortunas escaparam pelos dedos de quem se envolve em muitas ocupações ao mesmo tempo. Há bom senso no velho alerta sobre manejar muitas panelas no mesmo fogão.

Seja metódico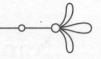

As pessoas devem ser metódicas em seus negócios. Quem é organizado, quem tem hora e lugar para tudo, quem faz uma coisa de cada vez, realizará o dobro e com metade do trabalho daquele que o faz de forma descuidada e negligente. Ao sistematizar seu negócio, fazendo uma coisa de cada vez, prezando a pontualidade, você terá mais tempo para o lazer. Enquanto isso, quem faz as coisas pela metade, sempre terá mais trabalho para completar, pois nunca termina nenhum trabalho de fato.

Claro, há um limite para todas essas regras. Devemos tentar preservar o meio-termo, pois existe, sim, o problema de ser metódico demais. Há homens e mulheres, por exemplo, que guardam as coisas com tanto cuidado que nunca mais conseguem encontrá-las. É muito parecido com a formalidade

A ARTE DE GANHAR DINHEIRO

burocrática em Washington e o "Departamento do Circunlóquio" de Dickens — muita teoria, mas sem nenhum resultado.

Quando foi inaugurado na cidade de Nova York, o Astor House era sem dúvida o melhor hotel dos Estados Unidos. Os proprietários aprenderam muito sobre hotelaria na Europa, e ficaram orgulhosos do sistema rígido que permeava todos os departamentos de seu grande estabelecimento. Quando o relógio soava a meia-noite, e ainda havia alguns hóspedes pelos corredores, um dos proprietários dizia: "John, toque aquele sino". Em dois minutos, sessenta funcionários se apresentavam no salão com baldes de água nas mãos. "Este", explicava o proprietário aos hóspedes, "é o nosso alarme de incêndio, para que todos se sintam seguros aqui. Fazemos tudo de forma muito metódica." Isso foi antes que o aqueduto de

Croton estivesse abastecendo a cidade. No entanto, às vezes eles eram metódicos demais.

Em certa ocasião, quando o hotel estava lotado, um dos garçons ficou indisposto de repente. Embora houvesse outros cinquenta garçons trabalhando, o proprietário entendeu que deveria ter a equipe completa à sua disposição, ou seu "método" seria prejudicado. Pouco antes da hora do jantar, ele desceu correndo as escadas e disse: "Preciso achar outro garçom. Estou com um garçom a menos, o que devo fazer?". Então, ele avistou Pat, um irlandês que trabalhava como engraxate. "Pat", disse ele, "lave suas mãos e seu rosto; pegue um avental branco e venha para a sala de jantar em cinco minutos." Logo Pat apareceu como o prometido, e o proprietário disse: "Agora, Pat, você deve ficar atrás dessas duas cadeiras e esperar pelos cavalheiros que vão ocupá-la. Você já trabalhou como garçom?".

A ARTE DE GANHAR DINHEIRO

"Conheço tudo a respeito, mas nunca trabalhei no ramo."

Assim como no caso do navegador irlandês, quando o capitão percebeu que estava fora do curso e perguntou: "Você tem certeza de que entendeu o que está fazendo?". E o navegador respondeu: "Claro que sim, conheço todas as pedras desse canal". E, naquele exato instante: "bum!". O navio bateu contra uma rocha. "E, minha nossa senhora, essa era uma delas!", exclamou o navegador.

Mas voltando à sala de jantar. "Pat", disse o proprietário, "aqui fazemos tudo de forma muito metódica. Você deve primeiro servir a cada cavalheiro um prato de sopa, e quando terminarem, pergunte a eles o que eles vão querer em seguida."

Pat respondeu: "Ah, mas é claro! Também sei ser metódico".

P.T. BARNUM

Logo chegaram os hóspedes, e os pratos de sopa foram colocados diante deles. Um dos dois cavalheiros de Pat comeu sua sopa; o outro não a aprovou. Ele disse: "Garçom, leve este prato embora e me traga um pouco de peixe".

O irlandês olhou para o prato de sopa intacto e, lembrando-se das instruções do proprietário em relação ao "método", respondeu: "Não até que você termine sua sopa!".

É claro que isso seria levar o "método" um pouco longe demais.

Mantenha-se atualizado

Tenha sempre um jornal de confiança e, assim, mantenha-se bem-informado sobre o que acontece no mundo. Aquele que não lê jornais se isola do resto da humanidade. Nos dias de hoje, muitas invenções e melhorias importantes estão sendo feitas em todos os ramos do comércio, e aquele que não mantém o hábito de consultar os jornais, logo se verá e seu negócio ser deixado de lado.

Cuidado com as "operações externas"

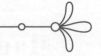

Às vezes vemos pessoas que enriqueceram rapidamente ficarem pobres de um dia para o outro. Em muitos casos, isso surge da intemperança, da jogatina, e de outros maus hábitos. No entanto, com mais frequência ainda, isso ocorre porque a pessoa se envolveu em "operações externas" de algum tipo. A pessoa pode enriquecer por meios legítimos, e ser informada sobre uma grande especulação onde poder obter muito dinheiro. Essa pessoa é constantemente bajulada por amigos, que lhe dizem que ela nasceu sortuda, que tudo que ela toca vira ouro. Agora, se essa pessoa esquecer seus hábitos econômicos, sua boa conduta e sua atenção pessoal aos negócios que conhecem tão bem, que lhe renderam tanto sucesso de vida, ela se tornará suscetível ao canto da sereia.

A ARTE DE GANHAR DINHEIRO

Essa pessoa talvez dirá: "Vou investir vinte mil dólares. Tive sorte das últimas vezes, e minha boa sorte logo me trará de volta sessenta mil dólares." Alguns dias se passam e a pessoa descobre que precisa investir mais dez mil dólares. Logo em seguida, é informada que "está tudo bem", mas certos imprevistos exigem um adiantamento de mais vinte mil dólares, que lhe trarão um bom retorno. Então, sem aviso, a bolha estoura, a pessoa perde tudo e somente então ela aprende o que deveria saber desde o início: que por mais bem-sucedida que ela possa ser, se ela se desviar do caminho e se envolver com negócios que pouco conhece, ela é como Sansão, com os cabelos cortados. Perde sua força, e se torna como todos os outros.

Quem tem muito dinheiro deve investir um pouco em negócios que lhe pareçam promissores e que possam beneficiar a humanidade. Entretanto, deve investir com cautela. Nunca se deve arriscar uma fortuna ganha de forma legítima, investindo-a em coisas nas quais não tem experiência.

Não seja fiador
sem exigir garantias

Acredito que nenhum empreendedor jamais deva ser fiador sem pedir por boas garantias, mesmo que seja para o próprio pai ou irmão, e nunca em um valor que não possa cobrir em um possível prejuízo. Imagine o caso de algum industrial ou comerciante que vale vinte mil dólares. Você está aposentado e vivendo das suas economias, então ele vem até você e diz: "Você sabe que eu valho vinte mil dólares e não tenho nenhuma dívida. Se eu tivesse cinco mil dólares em dinheiro vivo, poderia comprar um lote específico de mercadorias e dobrar o dinheiro em poucos meses. Você poderia ser meu avalista nesse valor?".

Você reflete que, como ele vale vinte mil dólares, não corre nenhum risco em avalizar o valor. Você quer ajudá-lo, e empresta seu nome sem tomar a precaução de solicitar garantia. Pouco depois, ele lhe mostra a nota que você avalizou cancelada, e diz, provavelmente com sinceridade, que obteve o lucro que esperava com a operação. Você, então, fica satisfeito que fez uma boa ação. Com o tempo, a situação se repete mais vezes, pois está confiante de que é seguro ser seu avalista sem nenhuma garantia.

O problema, porém, é que esse homem está ganhando dinheiro fácil demais. Ele só precisa levar sua promissória ao banco, descontá-la e pegar o dinheiro. No momento, ele consegue capital sem esforço e sem nenhum tipo de inconveniência. Agora, preste atenção no resultado: Ele vê uma chance de especular fora de seu negócio. Será necessário um investimento temporário de apenas dez mil, e ele tem certeza de que terá retorno antes do vencimento da dívida no banco. Ele lhe apresenta uma promissória para esse valor, e você a assina quase mecanicamente,

A ARTE DE GANHAR DINHEIRO

convencido de que seu amigo é responsável e confiável. Já se tornou um hábito seu.

Infelizmente, a especulação não deu certo até a data esperada, e outros dez mil precisam ser descontados para saldar o primeiro pagamento. Antes que essa nota vença, a especulação provou ser um fracasso completo e todo o dinheiro vai pelo ralo. O perdedor conta ao amigo, o avalista, que perdeu metade de sua fortuna? De maneira nenhuma. Ele nem menciona que especulou. Mas agora ele está animado, o espírito de especulação tomou conta dele. Ele vê outros ganhando grandes quantias dessa forma (raramente ouvimos falar dos perdedores) e, como outros especuladores, ele vai atrás do dinheiro onde o perde. Ele tenta outra vez, já que você se tornou um avalista crônico, e a cada perda ele obtém sua assinatura para qualquer quantia que ele queira.

P.T. BARNUM

No fim, você descobre que seu amigo perdeu tanto as propriedades dele quanto as suas. Aturdido, desesperado, e tomado pela tristeza, você diz: "Meu amigo, você me arruinou". No entanto, você também deveria dizer: "Eu também fui a causa da sua ruína". Se você tivesse dito a princípio: "Vou ajudá-lo, mas primeiro preciso de uma garantia", ele não teria feito mais do que podia, e jamais se afastaria do negócio que conhecia tão bem.

É perigoso, portanto, deixar as pessoas tomarem posse de dinheiro de forma tão fácil. Sempre funciona como uma tentação para que façam especulações irresponsáveis. Como disse Salomão: "Aquele que odeia a fiança está seguro".

Sendo assim, deixe que o jovem empreendedor entenda o valor do dinheiro primeiro ao ganhá-lo ele mesmo. Quando ele compreender a responsabilidade, lubrifique um pouco as engrenagens e o ajude

A ARTE DE GANHAR DINHEIRO

a começar um negócio, mas mantenha sempre em mente: quem ganha dinheiro com muita facilidade, geralmente não será bem-sucedido. Dinheiro precisa ser ganho com o próprio suor, só assim o seu valor será devidamente apreciado.

Divulgue o seu negócio

Todos nós dependemos, uns mais que os outros, do apoio do público para nosso sustento. Nós negociamos com o público — advogados, médicos, sapateiros, artistas, ferreiros, cantores de ópera, donos de ferrovias e professores universitários. Quem lida com o público precisa garantir que seus produtos tenham valor, que sejam genuínos e que tragam satisfação. Quando adquirir um produto que sabe que agradará seus clientes e que, quando o experimentarem, sentirão que valeram o dinheiro, divulgue-o.

Divulgue-o com cuidado, pois nenhum comerciante terá retorno, mesmo com um produto de qualidade, se ninguém souber que ele existe. Em um país como este, onde quase todo mundo é alfabetizado e onde há jornais publicados e circulando edições de cinco mil a duzentos mil cópias, seria muito imprudente deixar de fazer propaganda nesse meio. O jornal, ao ser comprado por uma família, é lido pela esposa e pelos filhos, bem como pelo chefe da casa. Portanto, centenas e milhares de pessoas poderão ler seu anúncio, enquanto você estiver cuidando dos seus afazeres diários. Muitos, talvez, o leiam mesmo enquanto você dorme.

    A melhor filosofia de vida é: primeiro faça a semeadura, depois a colheita. É assim que o fazendeiro faz; ele primeiro planta suas batatas, semeia seu milho, vai fazer outra coisa, e então chega a hora de colher. Mas ele nunca colhe primeiro e semeia depois. Esse princípio se aplica a todos os tipos de negócios, especialmente quando se trata de publicidade. Se um empreendedor tem um produto genuíno, não há maneira de colher mais vantajosamente do que plantar as sementes para o público dessa forma. O produto, é claro, precisa ser bom de verdade para agradar seus clientes. Produtos ruins não terão sucesso permanente, pois o público é mais sábio do que muitos imaginam. As pessoas são egoístas, e nós preferimos comprar onde podemos obter o rendimento máximo pelo nosso dinheiro, e estamos sempre tentando descobrir onde podemos fazer isso com mais certeza.

Você pode anunciar um produto ruim e induzir muitas pessoas a comprá-lo uma primeira vez, mas vão acabar denunciando-o como um impostor e vigarista, e seu negócio definhará até levá-lo à falência. Isso é uma certeza. São poucos os empreendedores que podem depender de clientes eventuais. Você precisa de clientes fiéis, que sempre retornam para comprar de novo.

Alguém me disse uma vez: "Tentei fazer propaganda, mas não tive bons resultados mesmo tendo uma boa mercadoria".

Eu respondi: "Meu caro, existem muitas exceções à regra. Mas como você anuncia?".

"Anunciei em um jornal semanal três vezes, por um dólar e meio".

Eu respondi: "Senhor, anunciar é como aprender, fazê-lo pouco é perigoso!".

Um escritor francês disse uma vez que o leitor de um jornal nunca percebe a primeira vez que vê um anúncio; na segunda, ele vê, porém não o lê; na terceira, ele lê; na quarta, ele olha o preço; na quinta, ele fala sobre o anúncio com a esposa; na sexta, ele está pronto para comprar. Na sétima, e só na sétima, ele compra. Seu objetivo na publicidade é fazer o público entender o que você tem a vender, e se não tiver persistência de continuar anunciando até transmitir a informação, todo o dinheiro que gastou irá pelo ralo. É como o sujeito que disse ao cavalheiro que se ele lhe desse dez centavos, ele economizaria um dólar. "Como posso ajudá-lo tanto com uma quantia tão pequena?", perguntou o cavalheiro, surpreso. "Comecei esta manhã", soluçou o pedinte. "Queria ficar bêbado, então gastei meu único dólar para atingir o objetivo, mas ainda não consegui. Dez centavos a mais de uísque serão o suficiente para que eu não perca o dólar que já gastei."

Assim, quem anuncia precisa continuar anunciando até que o público conheça tanto o empreendedor quanto o produto, ou então o dinheiro investido em propaganda terá sido gasto em vão.

Algumas pessoas têm um talento nato para escrever anúncios impressionantes, daqueles que prendem a atenção do leitor à primeira vista. Isso, é claro, dá ao anunciante uma grande vantagem em relação aos outros. Às vezes, um empreendedor se torna popular graças a um único anúncio, um único *display* interessante em sua vitrine. Recentemente, percebi um cartaz na frente de uma loja que dizia, em letras maiúsculas:

"NÃO LEIA
O OUTRO LADO"

A ARTE DE GANHAR DINHEIRO

Mas, é claro, eu o li, assim como todo mundo, e descobri que o homem conquistou sua independência atraindo o público para o seu negócio daquela forma, tornando-os fregueses quase imediatamente.

Genin, o chapeleiro, comprou um ingresso para o primeiro espetáculo da cantora de ópera Jenny Lind em leilão por duzentos e vinte e cinco dólares, porque sabia que seria uma boa propaganda para ele. "De quem é o lance?", perguntou o leiloeiro, enquanto martelava a venda do ingresso em Castle Garden. A resposta? "Genin, o chapeleiro." Lá estavam milhares de pessoas da Quinta Avenida e de cidades distantes, das classes mais altas. "Quem é 'Genin', o chapeleiro?", o público perguntou. Até então, nunca ouviram falar dele.

Na manhã seguinte, os jornais e o telégrafo circularam os fatos do Maine ao Texas, e de cinco a dez milhões de pessoas leram que os ingressos vendidos em leilão para o primeiro show de Jenny Lind somaram cerca de vinte mil dólares, e que um único ingresso foi vendido por duzentos e vinte e cinco dólares para Genin, o chapeleiro. Pessoas do país inteiro retiraram seus chapéus para ver se tinham a etiqueta de Geni. Em uma cidade em Iowa, perto dos correios um homem descobriu que tinha um chapéu com uma etiqueta "Genin", e ele o exibiu em triunfo, embora estivesse velho e não valesse nem dois centavos. "Mas que sorte!" exclamou alguém. "Você tem um chapéu 'Genin' legítimo." Outro homem disse: "Cuide bem desse chapéu, ele será uma herança valiosa para sua família". Ainda outro, com inveja do possuidor de tão boa fortuna, disse: "Venha, dê uma chance a todos nós; coloque-o em leilão!". Dito e feito, o chapéu foi vendido por nove dólares e cinquenta centavos!

A ARTE DE GANHAR DINHEIRO

E qual foi o resultado disso tudo para o Senhor Genin? Nos primeiros seis anos, ele vendeu dez mil chapéus a mais. Nove a cada dez dos compradores compraram dele, provavelmente por curiosidade, mas muitos deles, descobrindo que o produto valia o dinheiro que custava, tornaram-se clientes fiéis. A criatividade do anúncio atraiu a atenção do público, mas depois, como ele fabricava um bom produto, fez com que os clientes continuassem voltando.

Não digo que todos devem anunciar da mesma forma que o Senhor Genin, mas sim que quem tem bons produtos para vender, mas não os anuncia de maneira apropriada, acaba com mercadoria encalhada. Nem digo que todos devem anunciar em um jornal, ou que todos os anúncios precisam ser impressos. Pelo contrário, embora isso seja indispensável na maioria dos casos, ainda assim médicos e clérigos, e às vezes advogados e alguns profissionais, podem atingir o

P.T. BARNUM

público de forma mais eficaz de outras maneiras. Mas é óbvio, precisam se tornar conhecidos de alguma forma; senão, como vão ser apoiados?

Seja educado e gentil com seus clientes

Educação e civilidade são o melhor capital a ser investido nos negócios. Lojas grandes, letreiros dourados, anúncios chamativos, tudo isso será inútil se você ou seus funcionários tratarem seus clientes com grosseria. A verdade é: quanto mais gentil for um empreendedor, mais generosa será a clientela, pois gentileza gera gentileza.

O empreendedor que vender o melhor produto pela menor quantia, reservando para si o lucro, geralmente terá mais sucesso a longo prazo. Isso nos leva à regra de ouro: "Faça com os outros o que gostaria que fizessem com você". Assim, seus clientes farão mais por você do que se você tentar retirar o máximo deles dando o mínimo em troca. Empreendedores que tratam seus clientes como se nunca mais fossem vê-los novamente, não estão errados: nunca mais o verão mesmo. As pessoas não gostam de pagar para serem maltratadas.

Um dos guias do meu museu uma vez me disse que pretendia bater em um homem na sala de exibições assim que saísse. "Por quê?", perguntei. "Porque ele disse que não sou um cavalheiro", respondeu o guia. "Deixa isso pra lá. Ele paga para estar aqui, e você não vai conseguir convencê-lo de que é um cavalheiro batendo nele. Não posso me dar ao luxo de perder um cliente. Se você o agredir, ele nunca mais visitará o museu, e poderá influenciar os amigos a irem se divertir em outro lugar em vez de virem para cá. Isso me prejudicaria muito."

"Mas ele me insultou!", o guia reclamou. "Certo", respondi, "se ele tivesse um museu e você tivesse pagado pelo privilégio da visita, você teria motivos para ficar ressentido caso ele o insultasse. Mas, neste caso, quem paga é ele. Você deve, portanto, tolerar a grosseria."

Meu guia comentou, rindo, que essa era sem dúvida uma boa política, mas acrescentou que não faria objeções a um aumento de salário caso devesse ser ofendido para preservar meus interesses.

Seja generoso

É evidente que devemos ser caridosos, pois além de ser um dever, também é um prazer. É uma questão de política: caso você não tenha uma motivação maior, descobrirá que o empreendedor generoso sempre tem clientela, enquanto o sovina e avarento será evitado.

Como disse Salomão: "Há quem distribui e ainda assim cresce; e há quem retém mais do que precisa, mas cai na pobreza". É claro que a única caridade verdadeira é aquela que vem do coração, mas o melhor tipo de caridade é ajudar aqueles que estão dispostos a ajudar a si próprios. Doações indiscriminadas, sem questionar o mérito do solicitante, são ruins em todos os sentidos. Mas procurar e ajudar aqueles que estão lutando por si mesmos faz o tipo "distribuir e ainda assim crescer".

A ARTE DE GANHAR DINHEIRO

Mas não compartilhe da crença de oferecer uma oração aos famintos em vez de um prato de comida. É mais fácil convertê-los com estômagos cheios do que vazios.

Não fale demais

Algumas pessoas têm o hábito tolo de revelar seus segredos comerciais. Se ganham dinheiro, gostam de contar aos vizinhos como conseguiram. Nada se ganha com isso, e muitas vezes muito se perde. Não conte sobre seus lucros, suas esperanças, suas expectativas, suas intenções. Isso se aplica tanto para as correspondências quanto para as conversas. Goethe fez Mefistófeles dizer: "Nunca escreva nem destrua uma carta". Empreendedores precisam escrever cartas, mas devem ser cuidadosos com o que redigem nelas. Se você está perdendo dinheiro, seja especialmente cauteloso e não fale sobre o assunto: é sua reputação que está em risco.

Preserve sua integridade

A integridade é mais preciosa do que diamantes ou rubis. O velho avarento disse aos seus filhos: "Ganhem dinheiro; de forma honesta, se puderem, mas ganhem dinheiro". Esse conselho não só foi terrivelmente cruel, mas era a própria essência da estupidez: foi como dizer que "se achar difícil obter dinheiro de forma honesta, pode fazê-lo com facilidade de forma desonesta". Pobre tolo! Não sabe que a coisa mais difícil na vida é conseguir dinheiro desonesto! Não sabe que nossas prisões estão cheias de homens que tentaram seguir esse conselho. Não entende que ninguém consegue ser desonesto sem ser descoberto em seguida e que, quando sua falta de princípios é descoberta, quase todas as portas para o sucesso se fecham para sempre. O público, muito apropriadamente, foge de todos cuja integridade é duvidosa. Ninguém ousa fazer negócios com alguém suspeito de ter "falsos pesos e falsas medidas", não importa o quão educada, agradável e complacente a pessoa possa ser.

A honestidade não só é a base do sucesso na vida financeira, como também é em todos os outros aspectos. A honestidade de caráter não tem preço. Quem a cultiva alcança uma paz e alegria que não podem ser alcançadas sem ela, e não pode ser comprada nem com dinheiro nem com nenhum outro tipo de posse. Uma pessoa conhecida por ser muito honesta pode ser muito pobre, mas terá as bolsas de toda a comunidade à sua disposição, pois todos sabem que, se pedir emprestado, nunca deixará de pagar. Portanto, mesmo por uma mera questão de egoísmo, se alguém não vê um motivo maior para ser honesto, descobrirão ao menos que a máxima de

A ARTE DE GANHAR DINHEIRO

Benjamin Franklin nunca deixará de ser verdadeira: "A honestidade é a melhor política".

Ficar rico nem sempre é equivalente a ser bem-sucedido. Há muitos ricos dignos de pena, enquanto há muitas pessoas pobres de dinheiro, mas que são muito mais ricas e felizes do que as primeiras em quesito honestidade.

O apego desmedido ao dinheiro, sem dúvida, pode ser e é a raiz de todo mal, mas o dinheiro em si, quando usado corretamente, não é apenas útil, como também nos permite ampliar o alcance da felicidade humana, se for bem compartilhado. O desejo por riqueza é quase universal, e ninguém pode dizer que não é louvável, desde que a pessoa que a adquira aceite suas responsabilidades e a use como uma amiga da humanidade.

A história de ganhar dinheiro, que é o comércio, é a história da civilização, e onde quer que o comércio tenha florescido, lá também a arte e a ciência produziram os frutos mais nobres. De fato, como regra geral, quem ganha dinheiro são como benfeitores da humanidade. A eles, em grande parte, devemos nossas instituições de ensino e de arte, nossas academias, universidades e igrejas. Não há argumentos contra o desejo ou a posse de riqueza, embora existam avarentos que acumulam dinheiro apenas para juntar, e que não têm nenhuma aspiração altruísta além de agarrar tudo o que estiver ao seu alcance. Assim como, às vezes, temos hipócritas na religião e demagogos na política, ocasionalmente há verdadeiros miseráveis entre os ganhadores de dinheiro. Eles, no entanto, são apenas exceções à regra. Quando encontramos alguém tão incômodo como um avarento, lembramos com gratidão que na América não temos leis de primogenitura, e que no devido curso da natureza chegará o tempo em que

A ARTE DE GANHAR DINHEIRO

todo ouro acumulado será distribuído para o benefício de toda humanidade.

A todos, portanto, digo com certeza: ganhem dinheiro honestamente, pois como William Shakespeare afirmou: "Aquele que carece dinheiro, meios e paz, carece três bons amigos".

Sobre o autor

P.T. Barnum (1810–1891) foi um renomado showman e empresário norte-americano do século XIX, conhecido por suas críticas ao teatro, pela fundação do Circo Ringling Bros. e Barnum & Bailey, e por suas habilidades de promoção ainda estudadas hoje.

Além de seu sucesso nos circos e museus de curiosidades, ele foi um mestre na divulgação e na cultura popular, chegando a vender milhões de exemplares de sua autobiografia ainda vivo. Sua trajetória reflete a história social, econômica e política da época, pois atuou como empresário, líder comunitário, filantropo, palestrante e ativista, comprometido com o desenvolvimento cultural e a liberdade de escolhas da sociedade.

Curiosidades sobre o autor:
- P.T. Barnum já tinha 60 anos completos quando fundou o "P.T. Barnum's Grand Traveling Museum, Menagerie, Caravan, and Circus", em 1871, no Brooklyn, em Nova York.
- Seu talento para os negócios começou cedo. Ele vendia bilhetes de loteria e rum para soldados americanos desde os 12 anos.
- Aos 21, ele já tinha uma loja, uma lotérica e o seu próprio jornal.
- Barnum introduziu as artes plásticas na América ao contratar a cantora de ópera sueca Jenny Lind para fazer uma turnê pelos Estados Unidos, pagando-lhe mil dólares por noite com ótimas críticas.
- Thomas Edison capturou a voz de P.T. Barnum em um cilindro de cera, tornando-a uma das primeiras vozes a ser preservada.

- *O Rei do Show* (2017), filme de Michael Gracey, conta a história de P.T. Barnum, que, no século XIX, teria ajudado a criar a fórmula do show business.
- *Barnum* (1980), o musical da Broadway, também é inspirado em sua história e foi indicado a diversos Tonys, incluindo o de Melhor Musical.